Katzenerziehung kinderleicht

Das Praxisbuch rund um die Themen Haltung, Erziehung und Pflege von Katzen

Katja Theile

Alle Ratschläge in diesem Buch wurden vom Autor sorgfältig erwogen und geprüft. Eine Garantie kann dennoch nicht übernommen werden. Eine Haftung des Autors beziehungsweise des Verlags für jegliche Personen-, Sach- und Vermögensschäden ist daher ausgeschlossen.

INHALT

Das erwartet Sie in diesem Buch

Haben Sie sich entschieden, eine oder mehrere Katzen in Ihr Leben zu lassen? Dann wird dieses erst einmal richtig auf den Kopf gestellt. Und für diejenigen unter uns, die ohne Haustiere aufgewachsen sind, beginnt nun eine Zeit der Umstellung und ein unglaublicher Lernprozess.

Dieses Buch wird Ihnen dabei helfen, das Verhalten von Katzen kennenzulernen, zu durchleuchten und zu verstehen. Wichtige Fragen, die sich vor allem in der Anfangszeit ergeben, werden beantwortet, und einige Tipps werden auch aus eigener Erfahrung geteilt.

Jede Katze ist ein Individuum, welches Sie erst kennenlernen müssen, um zu verstehen, was sie möchte und wann es ihr gut oder schlecht geht. Lernen Sie Ihre Katze besser kennen und machen Sie sich auf eine wunderschöne Reise gefasst.

DER URSPRUNG DER KATZE

Erst einmal ein ganz kurzer Überblick über den Ursprung der Katze.

Die wahre Herkunft der Katze ist bis heute noch unklar. In Zypern wurde der bisher älteste Nachweis über das Zusammenleben von Mensch und Katze gefunden. Hier fanden französische Forscher Skelette von Menschen, unter anderem von einem, der mit einer Katze zusammen in seiner Grabstätte begraben lag. Dieses Grab müsste knapp 9.000 - 10.000 Jahre alt sein, wie Forscher schätzen.

Insgesamt wurde das Erbgut von über 1.000 Katzen untersucht. Bei jeder der untersuchten Katzen wurde das Erbgut der Wildkatzen gefunden, was zum Ergebnis kommen lässt, dass die Hauskatze im

Nahen Osten gebändigt und zutraulich gemacht wurde. Aus dem Gebiet des sogenannten „Fruchtbaren Halbmonds", welches im östlichen Mittelmeer liegt, sollen also die Vorfahren der Hauskatze herstammen.

Es ist eher unwahrscheinlich, dass Katzen, so wie damals üblich, als Nutztiere gehalten wurden. Eher wurden sie als Mitbewohner gesehen, welches Nagetiere aus den Höfen und Getreidelagern fernhalten sollte. So könnte es in der Theorie dazu geführt haben, dass Katzen Schritt für Schritt domestiziert wurden und sich ausbreiten konnten.

Entscheidungs-hilfe, ob Sie sich eine Katze holen sollten

Katzen haben bei vielen Menschen einen schlechten Ruf. Ihnen wird nachgesagt, dass sie Einzelgänger und engstirnig sind und den Menschen nur als Dosenöffner sehen. Solche Aussagen pauschal zu treffen, ist aber nicht ganz richtig, denn Katzen sind viel mehr, als so mancher glaubt.

Wenn Sie gut zu Ihrer Katze sind, dann sind es treue Begleiter fürs Leben. Sie merken sofort, wenn es Ihnen nicht gut geht und legen sich zu Ihnen, um Trost zu spenden. Oft hört man sogar, dass sie sich auf die schmerzende Stelle legen und einem die Schmerzen abnehmen. So wie jedes Tier bringt die Katzenhaltung natürlich auch Nachteile mit sich. Sie kosten Geld, bringen Dreck mit ins Haus und über das Verlieren ihrer Katzenhaare wollen wir gar nicht erst anfangen zu sprechen. Aber dennoch ist es schön, jemanden zu haben, der auf Sie wartet, wenn Sie von der Arbeit, vom Sport oder vom Einkaufen kommen. Katzen freuen sich mindestens so sehr wie Hunde, möchten ebenfalls gestreichelt werden und wollen nicht nur allein spielen, sondern mit Ihnen als ihre Familie. Die zwei größten Vorteile einer Katze liegen aber wohl auf der Hand. Sie müssen mit ihr weder bei Wind und Wetter Gassi gehen, noch müssen Sie sich große Sorgen machen, wenn sie während Ihrer Arbeitszeit allein zuhause ist, denn Katzen kommen auch allein sehr gut zurecht.

Die Liste der Vorteile ist lang, weshalb ich hier nicht noch länger auf jedes Detail eingehen möchte.

Sie haben sich für dieses Buch entschieden, weil Sie sich bereits für einen Katzenhaushalt entschieden haben.

Die nächsten Schritte

Haben Sie sich für eine oder mehrere Katzen als Haustier entschieden, sollten Sie zu den nächsten Punkten gehen und sich die nächsten Schritte überlegen.

EINE KATZE ODER MEHRERE?

Dass Katzen keine Einzelgänger sind, sollte mittlerweile für jeden bekannt sein. Zwar gehen diese gerne allein auf die Jagd, ansonsten sind es aber recht gesellige Tiere. Dies können Sie auch im Umgang mit ihrer Beute beobachten. Eine Katze wird ihre Beute vor anderen Katzen und Tieren schützen. Sind Sie aber ihr „Freund", wird Ihre Katze Ihnen das

Gejagte immer mit nach Hause bringen und es mit Ihnen teilen. Auch wenn Sie dies als eher lästig empfinden, bestrafen Sie Ihre Katze nicht dafür. Sie meint es nur gut und möchte Ihnen für das, was Sie für sie tun, etwas als Dank schenken. Ihre Katze wird das Schimpfen nicht verstehen.

Bereits in der Kittenzeit (übrigens eine sehr wichtige Zeit für die Sozialisierung der Katze) lernen Katzen von ihrer Katzenmama und den Geschwistern sowohl den richtigen Umgang miteinander als auch in der „Menschenwelt". Natürlich gibt es auch Ausnahmen, in welchen Katzen es nicht schaffen, ihr Sozialverhalten zu lernen. Dies könnte eine frühe Trennung von der Katzenmama und den Geschwistern als Hintergrund haben. Ein weiterer Grund kann auch die Katzenhaltung in den verschiedenen Haushalten sein. Halten Sie Ihre Katze einzeln als reine Wohnungskatze, ist sie oft allein, da ihre „Dosenöffner" arbeiten und als Spielgefährten wegfallen, weshalb auch diese Situation den Charakter einer Katze beeinflussen kann. Diese Situation kann Ihre Katze zum Einzelgänger machen. Katzen kämpfen oft mit Unterforderung und vereinsamen, wenn sie oft allein zuhause sind und niemanden zum

Spielen haben. Aggressives Verhalten und die Abwendung von ihren Menschenfreunden können die Folge sein. Halten Sie Katzen in kleinen harmonischen Grüppchen und werden diese artgerecht behandelt, steht dem Glück auch reinen Wohnungskatzen nichts mehr im Wege, wenn die Wohnung nicht zu klein ist.

Zwei Katzen zu halten, bedeutet nicht direkt, doppelt so viel Arbeit zu haben. Natürlich werden die Kosten für Futter, Tierarztbesuche und Streu steigen, sie werden sich aber meistens all die anderen Katzenutensilien teilen. Der wohl wichtigste Vorteil aber ist die Zweisamkeit (oder Mehrsamkeit). Haben Sie mal aus den verschiedensten Gründen weniger oder keine Zeit für Ihre Katze, hat sie immer noch einen Artgenossen, der mit ihr spielt und sie beschäftigt. Sie brauchen aber auch keine Angst davor zu haben, dass sich Ihre Katzen nur noch zu zweit beschäftigen. Sie werden sich immer wieder darüber freuen, wenn Sie mit einem Seil oder einer Angel um die Ecke kommen und Spielzeit ist.

Zusammengefasst heißt das also, dass Sie Katzen natürlich auch einzeln halten können. Hier sollten Sie aber unbedingt viel Zeit mitbringen, damit

Sie diese Ihrer Katze widmen können. Nur so bleibt Ihr Stubentiger voll ausgelastet und langweilt sich nicht. Eine andere Möglichkeit, Ihre Katze auszulasten, ist es, diese als Freigänger zu halten. Planen Sie aber, die Katze als Hauskatze zu halten und sind beruflich eingespannt, sodass Sie täglich für mehrere Stunden nicht zuhause sind, dann sollten Sie die Haltung mehrerer Katzen ernsthaft in Erwägung zu ziehen.

WIE VIEL PLATZ BENÖTIGT EINE KATZE?

Fachleute raten dazu, dass die höchste Anzahl der Katzen die Anzahl der Zimmer in der Wohnung nicht übersteigen sollte. Ob man sich an diesen Rat halten sollte, ist jedem selbst überlassen. Auf der einen Seite benötigt jede Katze ihre eigene Rückzugsmöglichkeit. Gehen Sie nach diesem Kriterium, ist der Rat sehr sinnvoll. Auf der anderen Seite aber kann auch eine 2-Zimmer-Wohnung 80 Quadratmeter groß sein und hat dafür einen riesigen Wohn- und Schlafbereich. Auch hier hätten Katzen wahrscheinlich genug Rückzugsmöglichkeiten und vor allem Platz zum Toben.

Wie sagt man so schön? Qualität statt Quantität. Eine Wohnung oder Haus können 150 Quadratmeter groß sein. Wenn Ihre Mieze hier aber nicht spielen oder rennen kann, dann bringt auch die größte Wohnung nichts. Auch in einer kleinen Wohnung besteht die Möglichkeit, ein kleines Katzenparadies zu schaffen.

Das wohl Wichtigste bei der Entscheidung, wie viele Katzen Sie halten können und möchten, ist die Zeit, welche Sie mit Ihrer Katze verbringen können, um zu spielen und zu toben, damit diese auch zuhause voll ausgelastet ist. Aber natürlich auch die Möglichkeiten zum Toben und sich anderweitig zu beschäftigen, solange Sie nicht zuhause sind.

KANN ICH EINE WEITERE KATZE DAZU HOLEN?

Wenn Sie bereits eine Katze besitzen und ein weiteres Tier aufnehmen möchten, gibt es einige Dinge zu beachten. Bereiten Sie vor der Ankunft des Neulings ein paar Sachen, wie zum Beispiel einen Schlafplatz, zusätzlichen Futternapf, Katzentoilette und Kratzbaum vor. Katzen mögen es nicht sonderlich, ihre alten Gewohnheiten aufzugeben oder Sachen plötzlich mit neuen Tieren zu teilen.

Achten Sie auf den Charakter Ihrer Katze zuhause und versuchen Sie ebenfalls, die neue Katze im Vorfeld kennenzulernen. Sind die Charaktere zu unterschiedlich, könnte auch dies zu permanentem Stress führen und auf Dauer nicht zum Wohl der Tiere beitragen. Trifft zum Beispiel eine lebhafte Katze auf eine scheue, wird die scheue Katze permanentem Stress durch die lebhafte ausgesetzt. Bei zwei dominanten Katzen ist die Gefahr sehr groß, dass es zu aggressiven Revierkämpfen kommt. Besitzen Sie schon zwei oder mehrere Katzen, ist die Chance sehr groß, dass diese den Neuling gut aufnehmen, da sie schon daran gewöhnt sind, mit anderen Katzen zusammenzuleben und zu teilen.

Des Weiteren sollten Sie den Altersunterschied zwischen den Katzen beachten. Jungtiere vertragen sich in der Regel gut mit anderen Jungtieren, aber auch mit bereits ausgewachsenen Katzen. Vermeiden Sie jedoch die Zusammenführung von einer Seniorenkatze mit Kitten. Ältere Katzen benötigen mehr Ruhe und haben andere Gewohnheiten – wie bei Menschen eben auch.

Natürlich kann auch das Geschlecht eine Rolle

spielen. Weibchen und Männchen kommen in der Regel sehr gut miteinander aus, wohingegen zwei Männchen unbedingt kastriert werden müssen, um Stress und Reviermarkierungen zu vermeiden. Möchten Sie keinen weiteren Katzennachwuchs, sollten Sie bei der Haltung unterschiedlicher Geschlechter zumindest eine von beiden Miezen kastrieren.

Vor der ersten Zusammenführung sollten Sie also darauf vorbereitet sein, dass es auch zu Streitigkeiten kommen kann und das Zusammenleben nicht auf Anhieb funktioniert. Deshalb ist es umso wichtiger, dass Sie Ihre Katzen die ersten paar Tage noch räumlich getrennt halten und erst nach und nach zusammenführen. Tauschen Sie beispielsweise Decken oder Spielsachen aus und geben Sie den Miezen somit die Möglichkeit, den anderen vorab zu beschnuppern. Das erste Aufeinandertreffen sollte ebenfalls räumlich getrennt werden, um die Reaktionen aufeinander kontrollieren zu können. Sie können die Katzen zum Beispiel durch Glastüren oder Gitter das erste Mal einander vorstellen. Beim ersten richtigen Kontakt kann es zu einem kleinen Kampf kommen, bei welchem Ihre Katzen untereinander klären, wer sich wem unterzuordnen hat. Lassen Sie die Katzen dies unter sich ausmachen. Solange sie sich nicht ernsthaft verletzen, sollte auch nicht eingegriffen werden

Bloß nicht aufgeben, wenn das Aufeinandertreffen nicht auf Anhieb harmonisch verläuft. Nehmen Sie sich und geben Sie vor allem Ihren Katzen Zeit und zeigen Sie Geduld, dann können sich auch die größten Diskrepanzen legen. Wenn Sie aber nach einiger Zeit merken, dass die Katzen sich nicht akzeptieren können, müssen Sie über weitere Schritte nachdenken. Quälen Sie Ihre Katzen nicht unnötig, wenn das Zusammenleben einfach nicht klappen will.

Wichtige Schritte beim Einzug in das neue Zuhause

Es wird definitiv einen großen Unterschied machen, ob bei Ihnen ein Kitten oder eine ausgewachsene Katze einzieht. Es gibt zwar viele Parallelen, dennoch gibt es unterschiedliche Dinge zu beachten. Vor allem bei Kitten können Sie am Anfang viel „falsch" machen. Falsch bedeutet nicht, dass Ihr Kitten es nicht überleben wird. Falsch bedeutet einfach nur, dass Sie wahrscheinlich etwas mehr Zeit benötigen werden, dem Kitten etwas umzugewöhnen oder beizubringen.

Aber jetzt mal von Anfang an. Bereiten Sie vor dem Ankommen des neuen Familienmitglieds alles vor, damit sich der kleine Tiger in seinem neuen Zuhause direkt wohlfühlen kann. Stellen Sie einen Futternapf und eine Schüssel frisches Wasser auf. Bauen Sie außerdem direkt einen Kratzbaum auf und richten Sie mehrere Schlafplätze für die Katze ein, damit sie sich direkt an ihrem ersten Tag ihren Lieblingsplatz aussuchen kann. Platzieren Sie mindestens eine Katzentoilette pro Katze.

Endlich ist es soweit! Das neue Familienmitglied zieht ein und die meisten werden sich fragen, was sie beachten müssen. Besonders Kitten, die früh von ihrer Mama getrennt wurden, brauchen Zeit und Geduld. Achten Sie darauf, dass das Kitten aus dem Katzenkorb den direkten Weg zum Katzenklo findet. Am besten setzen Sie diese direkt rein und lassen sie erst einmal schnuppern. Ich kann Ihnen aus eigener Erfahrung sagen, dass es der erste große Fehler sein kann, den Katzenkorb vor lauter Vorfreude auf dem Sofa oder Bett abzustellen und die Katze aussteigen zu lassen. Vor allem Kitten könnten dies missverstehen und es mit dem Katzenklo verwechseln, weshalb Sie dann die nächste Zeit erst einmal damit beschäftigt sind, dem Kitten beizubringen, wo das richtige Katzenklo ist. Das kann die Freude ganz schnell drücken.

Nach dem ersten Gang auf die neue Toilette sollten Sie dem Neuankömmling zeigen, wo sein Futter und das Wasser stehen. So hat dieser jetzt alles „Überlebenswichtige" kennengelernt.

Lassen Sie Ihrer Mieze jetzt erst einmal die nötige Zeit, um ihr neues Zuhause zu beschnuppern. Sie soll sich in ihrem neuen Heim akklimatisieren und ankommen. Denn sie muss sich nicht nur an die neuen Menschen um sie herum gewöhnen, sondern auch an ihre neue Umgebung. Das benötigt Zeit. Unterdrücken Sie Ihr Verlangen danach, die Katze ständig zu heben oder zu versuchen, sie zum Spielen zu animieren. Beobachten Sie sie und helfen Sie ihr, alles zu finden und ihr neues Zuhause kennenzulernen.

Ein weiterer Tipp, bevor es zum nächsten Kapitel geht. Zieht bei Ihnen ein Kitten ein, grenzen Sie die Räumlichkeiten die ersten paar Tage etwas ein. Lassen Sie das Kitten zum Beispiel erst einmal nur das Wohnzimmer erkunden. Für ein kleines Kätzchen ist ein Haus oder eine 80 Quadratmeter große Wohnung für die ersten Tage viel zu groß. Es muss sich langsam herantasten und die Umgebung ganz genau erkunden. Mit einem großen Raum wäre es direkt überfordert. Auch dieser Schritt könnte in der Anfangszeit zu Fehlverhalten und fehlender Stubenreinheit führen.

Katzen stubenrein bekommen

WORAUF MUSS ICH BEIM KAUF VON KATZENSTREU ACHTEN?

Es gibt unzählige Angebote an Katzenstreu. Von grob über ganz fein bis hin zu der Bio-Variante. Hier müssen Sie selbst ausprobieren und entscheiden, mit welchem Streu Sie am besten zurechtkommen und welche die Anforderungen von Ihnen und Ihrer Katze erfüllt.

Nutzen Sie bei Katzenkindern vorzugsweise Streu für Kitten. Dieses ist saugstark, klumpt aber nicht. Klumpendes Streu kann für Kitten unter Umständen gefährlich werden. Katzenbabys sind natürlich sehr neugierig und nehmen, wie Kleinkinder eben auch, alles in den Mund, um es zu probieren. Hierbei kann es leicht passieren, dass etwas verschluckt wird. Verklumpt sich das Streu im Bauch, kann dies relativ schnell zu einer sehr gefährlichen Situation für Ihren Schützling werden. Eine Alternative ist grobes Streu. Dieses gibt es in unzähligen Varianten und von unzähligen Marken. Die Wahrscheinlichkeit, dass ein Kitten sich daran verschluckt, ist sehr gering.

Zieht eine ausgewachsene Katze bei Ihnen ein, versuchen Sie herauszufinden, welches Streu bei den Vorbesitzern genutzt wurde. Lässt sich dies nicht herausfinden, müssen Sie probieren. Nicht jede Katze mag jedes Streu. Es kann sogar passieren, dass Katzen anfangen, unrein zu werden, nur weil das Streu ihnen nicht zusagt. Deshalb ist es wichtig, dass Sie Ihre Katze beobachten.

Haben Sie ein Streu gefunden, welches zwar Ihrer Katze zusagt, Ihnen aber nicht, ist es in der Regel kein Problem, dieses zu wechseln, solange Sie ein paar Regeln einhalten. Wechseln Sie das Streu niemals von einem auf den anderen Tag. Der Prozess sollte schleichend sein. Das heißt, mischen Sie dem alten Streu immer mehr neues bei. So kann sich Ihre

Katze leichter umstellen. Außerdem sehen Sie, ob Ihre Mieze mit dem neuen Streu ebenfalls einverstanden ist oder ob es ihr überhaupt nicht zusagt.

Beachten Sie diese paar Regeln, sollte sowohl dem Wohlbefinden Ihrer Katze als auch Ihrem nichts mehr im Wege stehen.

WIE STELLE ICH DIE KATZENKLOS RICHTIG AUF?

Auch bei der Aufstellung der Katzentoiletten sollten Sie ein paar Kleinigkeiten beachten. Der erste Punkt wäre die Anzahl der Katzentoiletten. Es gibt eine Faustregel, welche besagt, dass die Anzahl der Katzen + 1 die optimale Menge ist. Finden Sie selbst heraus, wie viele Toiletten Ihre Katze(n) benötigen. Manchen werden so viele Toiletten wie Katzen im Haus reichen, bei anderen funktioniert es wiederum nicht. Hier müssen Sie etwas experimentieren.

Ein weiterer Punkt, den Sie beachten sollten, wäre die Platzierung der Toiletten. Stellen Sie die Toiletten auf keinen Fall in der Nähe des Futterplatzes auf. Katzen sind reinliche Tiere und mögen es nicht, neben dem eigenen Klo zu essen – würden Sie das mögen?

Haben Sie ein mehrstöckiges Haus? Vor allem Kitten können, wie Kleinkinder eben auch, nicht so lange ihre Blase halten. Deshalb wäre es ratsam, zumindest in der Anfangszeit auf jeder Etage eine Toilette zu platzieren. So kommen sie immer auf das stille Örtchen, auch wenn es mal schnell gehen muss. Mit der Zeit können Sie die ein oder andere Toilette umplatzieren oder ganz aus einer Etage nehmen, wenn Sie diese dort nicht mehr stehen haben möchten. Möchten Sie den Standort der Toilette verändern, sollten Sie den Katzen etwas Zeit zur Eingewöhnung geben. Denn wenn die Blase dann mal drückt und Ihre Mieze voller Motivation zur Toilette rennt und dort keine vorfindet, könnte auch dies schnell in die Hose gehen oder auch einfach nur in die Ecke. Versuchen Sie deshalb, das Klo tageweise immer ein kleines Stückchen weiter in die Richtung zu verschieben, wo es dann später hinkommt. So merkt Ihre Katze zwar, dass sich was verändert, dennoch findet sie ihre Toilette auf Anhieb, da diese im Blickfeld steht.

Möchten Sie zum Beispiel eine Toilette komplett wegnehmen, versuchen Sie, Ihrer Katze diese madig zu machen, indem Sie zum Beispiel die Toilette zwar putzen, hier aber aufhören könnten, neues Streu nachzufüllen. Da Katzen ihr Geschäft gerne verscharren, werden sie diese Katzentoilette automatisch immer weniger nutzen. So wird es Ihrer Mieze wahrscheinlich gar nicht mehr so auffallen, wenn sie irgendwann komplett weg ist.

Möchten Sie eine Toilette auf eine andere Etage versetzen, wird der Tipp mit der schrittweisen Verschiebung nur bis zu einem gewissen Punkt funktionieren. Deshalb ist es umso wichtiger, dass Sie Ihre Katze gut kennen. Ist sie schon so weit, dass sie es versteht und weiß, wo sie hingehen muss? Hat sie ihre Blase soweit unter Kontrolle, dass sie es schafft, sich das nächste Katzenklo zu suchen? Geht sie grundsätzlich immer brav auf die Katzentoilette oder geht auch schon mal etwas daneben? Sobald Sie sich sicher sind, dass Ihre Katze es verträgt, dass das Klo auf einer anderen Etage platziert wird, können Sie dieses umstellen. Wichtig dabei ist, wie beim Einzug auch, dass Sie Ihrem Liebling zeigen, wo der neue Platz ihres stillen Örtchens ist.

WARUM PINKELT MEINE KATZE IN DIE WOHNUNG?

Warum eine Katze trotz mehrerer Katzentoiletten in der Wohnung unrein ist, kann mehrere Ursachen haben, welchen Sie auf den Grund gehen müssen.

Erst einmal die wohl grundlegendsten Fragen:

1. Haben Sie genug Katzentoiletten aufgestellt? Anzahl der Katzen +1
2. Sind die Toiletten gut für die Katze erreichbar? Weiß die Katze, wo die Toiletten aufgestellt sind?
3. Haben Sie das Katzenstreu gewechselt? Vielleicht mag Ihre Katze einfach nur das aktuelle nicht.

Sie haben alles richtig gemacht, dennoch pinkelt Ihre Katze wild? Nicht verzagen!

Sie können versuchen, Ihre Katze so gut wie es geht aus dem Raum auszuschließen. Die ein oder anderen finden diese Methode vielleicht unpassend für das Tier. Ich kann aus eigener Erfahrung sagen, dass diese Methode bei mir zwei Mal funktioniert hat. Sie müssen nur lange genug durchhalten. Pinkelt die Katze vielleicht sogar in Ihr Bett? Es ist schwierig, für alles eine Ursache zu finden. Manchmal kann man einfach nicht erkennen, was dem Tier fehlt. Deshalb ist es gut, neben der Ursachenforschung bereits Maßnahmen zu ergreifen. So machen Sie es sowohl sich als auch Ihrer Katze etwas einfacher.

Schließen Sie Ihre Katze für die nächsten 2 - 3 Wochen aus dem Schlafzimmer aus und lassen Sie sie nur rein, wenn Sie ebenfalls drin sind und ein Auge auf sie haben. Setzt Ihre Katze wieder zum Pinkeln an, nehmen Sie diese und tragen Sie sie aus dem Zimmer wieder heraus, am besten mit einem „Nein". Denn hat sich eine Katze einmal gemerkt, dass sie auf eine bestimmte Stelle mehrmals gepinkelt hat, wird es schwer werden, ihr dies abzugewöhnen, zumal sie ihren eigenen Geruch riechen und immer wieder an diese Stelle zurückkehren. Den Geruch aus den Textilien zu bekommen, reicht hier oftmals nicht aus. Aber Katzen vergessen mit der Zeit. Wurde die Katze für einige Zeit von einem bestimmten Ort verbannt, wird sie diesen Ort nach dem erneuten „Öffnen" wieder neu kennenlernen und beschnuppern. Sorgen Sie dafür, dass die Stellen gut gereinigt sind und keinen Geruch mehr aufweisen. Es gibt hierfür zwar spezielle Mittel, welche im Zoofachhandel und in diversen Onlineshops erhältlich sind, sie sind aber nicht ganz billig. Für mich persönlich hat die Reinigung mit Chlor sogar besser funktioniert. Einfach etwas Chlor mit Wasser in einer Sprühflasche vermengen und auf die Stellen sprühen. Kurz einwirken lassen und auswischen. Funktioniert auch bei Polstermöbeln, aber unbedingt vorher an einer nicht sichtbaren Stelle prüfen, ob sich die Farbe verändert.

Natürlich kann es unangenehm sein, sich in seinen eigenen vier Wänden umstellen zu müssen, aber es lohnt sich. Sie können auch im Wohnzimmer bestimmte Bereiche durch hohe Kartons, Gitter etc. absperren, um Ihre Katze von einem bestimmten Ort für eine gewisse Zeit fernzuhalten. Hier sind Ihrer Kreativität keine Grenzen gesetzt. Um es Ihrem Tiger aber leichter zu machen, mit dieser Situation zurechtzukommen, halten auch Sie sich so wenig wie möglich in diesen Bereichen auf. Damit wird Ihre Katze an diesen Bereichen ebenfalls das Interesse verlieren.

Öffnen Sie den Bereich nicht zu schnell. Haben Sie Geduld und lassen Sie ein paar Wochen vergehen. Diese Vorgehensweise hat bei mir super funktioniert, um meine Kitten stubenrein zu bekommen.

Die Wahl des Katzenfutters

Auch die Wahl des „richtigen" Katzenfutters stellt für frische Katzenbesitzer eine Herausforderung dar. Viele Hersteller werben mit ihrem Katzenfutter. Doch nur, weil die Katze in der Werbung dieses Futter liebt, heißt es noch lange nicht, dass Ihre Katze dieses auch mögen wird und erst recht nicht, dass es gesund ist.

Am besten Sie informieren sich vorab, welches Futter welche Inhaltsstoffe beinhaltet. Was ist Ihnen bei der Wahl des Futters wichtig? Soll es eher preisgünstig sein oder sind Sie bereit, auch etwas mehr in Katzenfutter zu investieren? Natürlich sollte das Futter so hochwertig wie möglich sein. Deshalb ist es wichtig, dass Sie sich vor dem Kauf des Futters mit den Inhaltsstoffen des Futters auseinandersetzen. Sie werden schnell merken, dass es viele Sorten von Katzenfutter gibt, in welchen die Zusammensetzung nicht sehr hochwertig ist und teilweise sogar Zucker enthält.

Bleiben wir beim Zucker. Dieser ist in großen Mengen nicht nur für uns Menschen schädlich, sondern natürlich auch für unsere Tiere. Katzen können zwar den Zucker in der Nahrung nicht herausschmecken, jedoch könnte Ihre Katze von dem enthaltenen Zucker Karies bekommen, an Gewicht zulegen und träge werden. Der Hersteller kann mit dem Zucker aber positive Effekte erwirken, wie zum Beispiel, dass das Futter ansehnlicher aussieht, besser riecht und Ihrer Katze besser schmeckt.

Gehen wir zum nächsten Punkt. Katzen sind Fleischfresser. Eine vegetarische Ernährung würde Ihre Mieze aus diesem Grund nicht verkraften. Achten Sie darauf, dass der Anteil des Fleisches vom Katzenfutter so hoch wie möglich ist. Gehen Sie in einen

Fachhandel und machen Sie sich mit den Inhaltsstoffen der verschiedenen Hersteller vertraut. Hier gibt es beim Fleischanteil wirklich sehr große Unterschiede. Der Ausdruck „…und tierische Nebenerzeugnisse" bedeutet nicht, dass das Futter viel hochwertiges Fleisch enthält – ganz im Gegenteil. Meist handelt es sich bei diesen Nebenerzeugnissen um Schlachtabfälle, welche für Ihre Katze teilweise schwer verdaulich sind. Hochwertige Zusammensetzungen erkennen Sie an der genauen Auflistung der tierischen Nebenerzeugnisse, wie zum Beispiel 70 % Rind (bestehend aus 60 % Muskelfleisch, 5 % Herz und 5 % Magen). Ebenfalls haben pflanzliche Nebenerzeugnisse im Nassfutter Ihrer Katze nichts zu suchen. Auch hier handelt es sich meist um Getreideabfälle und Soja. Achten Sie darauf, dass der Anteil von Kohlenhydraten sowohl im Nass- als auch im Trockenfutter so gering wie möglich ist.

Die nächste Frage, die Sie sich stellen werden, ist: Nass- oder Trockenfutter? Oder gar eine Mischfütterung? Welche Inhaltsstoffe hat welches Futter?

Nun, die Entscheidung kann Ihnen keiner abnehmen. Es gibt viele Vor- und Nachteile der verschiedenen Möglichkeiten. Sie müssen selbst abwägen, worauf Sie Wert legen, aber natürlich auch, womit sich Ihre Katze am wohlsten fühlt.

Ein großer Vorteil von Nassfutter liegt klar auf der Hand. Die Feuchtigkeit. Bei der Aufnahme von Nassfutter deckt Ihre Katzen ihren täglichen Wasserbedarf weitestgehend ab. Außerdem ist dieses sehr gut verträglich, vor allem für ältere Katzen, die nicht mehr richtig kauen können. Ein großer Nachteil von Nassfutter, besonders im Sommer, ist die Haltbarkeit im Napf. Deshalb ist es umso wichtiger, dass Sie Ihre Katze und die Menge kennen, welche sie direkt isst. Den Rest sollten Sie im Kühlschrank aufbewahren und kurz vor dem nächsten Fressen wieder herausnehmen, damit das Futter Zimmertemperatur erreicht.

Trockenfutter hat den Vorteil, dass sich Ihre Katze die Zähne ein klein wenig damit putzt. Doch besitzen Sie bereits eine ältere Katze, welche eventuell Zahnprobleme hat, kann dies schnell zum Nachteil werden. Diesen Katzen fällt es schwer, das Futter richtig durchzubeißen und schlucken es deshalb oft im Ganzen herunter. Dies kann zu Verdauungsschwierigkeiten führen, vor allem, wenn Ihre Katze wenig Wasser trinkt. Denn viel Wasser trinken ist für die ausschließliche Fütterung von Trockenfutter Voraussetzung. Aber nicht nur Verdauungsstörungen können die Folge einer geringen Trinkmenge sein, auch Nierenschäden und Harnsteine könnten für Ihre Katze zum Problem werden.

Ein weiterer Nachteil, welcher durch die Fütterung von Trockenfutter entstehen kann, ist Übergewicht. Da Trockenfutter sehr energiereich ist, könnte dies bei falscher Fütterungsmenge schnell zur Gewichtszunahme Ihrer Katze führen. Hier ist das Nassfutter deutlich im Vorteil, da Ihre Katze hiervon mehr essen kann, ohne dass Sie sich gleich um ihr Gewicht sorgen müssen. Katzen, und vor allem Wohnungskatzen, lieben den Gang zum Fressnapf. Deshalb sollten Sie auf die Menge achten und im Zweifelsfall die Mengen sogar abwiegen.

Nichts ist schlimmer, als wenn die eigene Katze an den Futternapf geht, riecht, sich wieder umdreht und geht. Das kann manchmal nicht nur einen ganzen Tag lang so gehen, sondern wirklich tageweise und bringt so manchen Katzenbesitzer zur Verzweiflung. Ist dies der Fall, sollten Sie das Futter wechseln. Dies ist aber kein Grund, das übriggebliebene Futter wegzuschmeißen. Es besteht immer noch die

Möglichkeit, dass Ihre Mieze mit der Zeit wieder Gefallen an diesem findet.

Einen Tipp, der bei mir leider etwas zu spät kam, muss ich Ihnen noch mitgeben – ob es funktioniert oder nicht, kann ich Ihnen daher nicht sagen. In der Zeit als meine Katzen angefangen haben, schleckig zu werden, hat mir ein Mitarbeiter eines Zoofachgeschäftes erklärt, dass man Kitten von klein an nur an eine oder zwei bestimmte Sorten und Geschmacksrichtungen gewöhnen soll. Als Leckerli zwischendurch könnte man auch eine dritte oder vierte Richtung geben, dies sollte aber wirklich nur eine Ausnahme bleiben. So gewöhnen sich die Kitten von Anfang an an das gleiche Futter und die Chance ist sehr hoch, dass sie es anstandslos essen. Klingt logisch, aber für mich kam dieser Rat zu spät. Mit der Zeit findet jeder dennoch seinen eigenen Weg, die Katzen zufriedenstellend zu füttern. Fangen diese nämlich an, wählerisch zu werden und jedes Nassfutter stehen zu lassen, mache ich ein oder zwei Tage Pause und gebe nur noch Trockenfutter. Danach sind sie wieder überglücklich, wenn sie mal wieder Nassfutter bekommen.

Ein weiterer Vorteil von Trockenfutter ist, dass

es nicht so schnell verderblich ist. Dieses kann auch bei warmen Temperaturen länger stehenbleiben und die Fressschüssel muss nicht so oft gereinigt werden.

Kommen wir zum Fazit. Ihnen wird wahrscheinlich niemand eine 100 % Empfehlung geben, welches Katzenfutter für Ihre Katze das Beste ist. Setzen Sie sich mit den Nährstoffen der Futtermarken auseinander, kaufen Sie hochwertiges Futter und lassen Sie dann Ihre Katze entscheiden, welches ihr am besten schmeckt und was sie gut verträgt. So können Sie einen weiteren wichtigen Beitrag zur Gesundheit Ihrer Katze leisten.

Kratzbaum statt Sofa

Katzen haben einen natürlichen Trieb zu klettern, springen und, nicht zu vergessen, zu kratzen. Durch das Kratzen schärfen Katzen ihre Krallen, kratzen die abgestorbene Hornhaut ab und setzen Duftstoffe ab, um ihr Revier zu markieren.

WIE BRINGE ICH MEINER KATZE BEI, AM KRATZBAUM ZU KRATZEN?

In erster Linie ist es wichtig, dass Sie Ihrer Katze ausreichend Kratzmöglichkeiten bieten, sei es an Kratzbäumen, an der Kratztonne usw. Achten Sie darauf, dass sich Ihre Katze beim Kratzen vollständig ausstrecken kann. Außerdem muss der Baum fest auf dem Boden stehen. Wackelt dieser oder fällt regelmäßig um, wird er von Ihrer Katze nicht mehr benutzt werden.

Ein weiterer wichtiger Punkt ist der Standort des Kratzbaums. Dieser darf nicht versteckt in einer Ecke stehen. Es ist wichtig, dass Sie ihn da platzieren, wo Sie sich am meisten aufhalten und dieser von vorzugsweise allen Seiten zugänglich ist. Katzen lieben es, hoch zu sitzen und über alles den Überblick zu haben. Das ist der erste Schritt, den Kratzbaum Ihrer Katze schmackhaft zu machen. Ein weiterer guter Punkt wäre, einen weiteren Kratzbaum, Tunnel oder Kratzwelle in der Nähe des Schlafplatzes Ihrer Katze aufzustellen. Besonders nach dem Aufstehen, aber auch vor dem Schlafengehen, kratzen Katzen gerne nochmal.

Haben Sie diese Punkte befolgt, beginnt die eigentliche „Arbeit". Versuchen Sie, Ihrer Katze den Kratzbaum so schmackhaft wie möglich zu machen. Spielen Sie mit ihr darauf oder in der unmittelbaren Nähe, belohnen Sie sie, wenn sie auf den Kratzbaum geht und vor allem, wenn sie daran kratzt. Eine weitere Möglichkeit, Ihrer Katze den Kratzbaum schmackhaft zu machen, ist Katzenminze. Hängen Sie ein oder mehrere Säckchen voller Katzenminze auf. Dann kann Ihre Katze dem Kratzbaum garantiert nicht mehr widerstehen.

WAS TUN, WENN MEINE KATZE SICH DOCH AM SOFA VERGEHT?

Manchmal können Sie auch alles richtig machen, trotzdem macht Ihnen Ihre Katze einen Strich durch die Rechnung und vergeht sich am Sofa, Teppich oder Ähnlichem. Es ist relativ schwer, Katzen etwas abzugewöhnen, wenn sie erst einmal damit angefangen haben. Wichtig ist nun vor allem konsequentes Handeln. Wenn Sie nicht möchten, dass Ihre Katze wo anders außer dem Kratzbaum kratzt, setzten Sie sie jedes Mal direkt vor Kratzbeginn an den Kratzbaum und belohnen Sie sie nach dem Kratzen.

Lassen Sie es Ihrer Katze auch nur einmal durchgehen, dass sie an einem anderen Möbelstück kratzt, wird sie es immer wieder probieren und wahrscheinlich niemals richtig verstehen, warum sie es damals durfte und jetzt auf einmal nicht.

Sie können sich auch mit weiteren Tricks helfen. Katzen hassen den Geruch von Zitrus. Wenn Sie also die Möglichkeit haben, sprühen Sie die Ecken Ihrer Polstermöbel mit einem Zitrusduft ein. Eine andere Möglichkeit ist das Verteilen von Zitrusfrüchten wie Zitrone oder Limette um die Möbel herum oder sogar darauf. Das wird Ihrer Katze nicht gefallen und sie gewöhnt sich den Gang an diesen Gegenstand ab.

Ein weiterer Tipp, der vor allem auf Tischen und Küchenzeilen bei vielen Katzen funktioniert, ist doppelseitiges Klebeband. Sie können natürlich auch einfaches nehmen und dieses dann zusammenfalten, sodass die klebrige Seite nach oben zeigt. Kleben Sie dieses an den Rand der Küchenzeile, an die Ecken des Sofas oder an den Rand des Küchentisches. Wenn Ihre Katze jetzt nun ran will, bleibt sie im ersten Moment kleben oder das Klebeband bleibt sogar an ihr kleben. Das wird Ihre Katze erschrecken und die Wahrscheinlichkeit, dass sie da nicht mehr ran will, ist sehr hoch. Ist Ihre Katze aber wenig schreckhaft, wird sie anfangen, mit dem Klebeband zu spielen. Dann haben Sie zwar erreicht, dass sie nicht mehr an den Möbeln kratzt, sie davon ferngehalten, haben Sie sie dann aber trotzdem nicht. Bitte probieren Sie den Trick mit dem Klebeband ausschließlich in Ihrer Anwesenheit aus. Lassen Sie Ihre Katze damit nicht allein, da es auch zu gefährlichen Situationen kommen könnte, wenn sich Ihre Mieze nicht allein von dem Band befreien kann.

Abschließend gehen wir noch auf den Tipp mit der Alufolie ein. Katzen sollen schreckhaft auf das Rascheln der Folie reagieren und deshalb ebenfalls von den Möbeln wegbleiben. Bisher kenne ich aber keine Katzen, die sich auf Dauer von der Folie ferngehalten hätte.

Falls Ihre Katze nach all den Anstrengungen noch immer ans Sofa oder anderes Mobiliar geht, versuchen Sie es mit einem Kratzspray, welches es in diversen Zoohandlungen und Onlineshops zu kaufen gibt.

Mit Katzen „richtig" spielen

DIE NATUR DER KATZE – DER BEUTETRIEB

Wichtig ist, dass Sie wissen, dass es die Natur der Katze ist, zu jagen und zu kämpfen. Deshalb ist es umso wichtiger, dass Sie Ihrer Katze die Möglichkeit geben, diesen Trieben nachzugehen und ihre Bedürfnisse zu erfüllen. Das Spielen mit Ihrer Mieze ist ebenso wichtig wie das Fressen und ihnen Schmuseeinheiten zu geben. Vor allem reine Hauskatzen müssen so gut es geht ausgelastet werden.

Um die Jagdlust Ihres Stubentigers zu befriedigen, sollten Sie also auch mal durch Ihre Wohnung rennen, die Katzen auf Kratzbäume, Kratztunnel etc. hochspringen lassen. Haben Sie zwei oder mehrere Katzen, werden Sie diese Art zu spielen auch bei den Katzen untereinander oftmals beobachten können. Voraussetzung hierfür ist natürlich, dass sich Ihre Katzen gut verstehen. Keine Angst, wenn sich die Katzen beim Spielen raufen, auch das gehört zu ihrem Spielen und Jagen dazu. Haben Sie nur eine Katze, sollten Sie ihr diese Art zu spielen ebenfalls ermöglichen. Geben Sie Ihrer Katze Ihre Hand zum Raufen. Wichtig ist es, dass Ihre Mieze auch erkennt, dass Sie mit ihr spielen, ansonsten kann es passieren, dass sie es als richtige Jagd ansieht, welche dann auch mal mit blutigen Kratz- oder Beißspuren enden kann.

Der Laserpointer ist eines der beliebtesten Jagdspielzeuge. Lassen Sie Ihre Katze dem Licht hinterherrennen und es schnappen – quer durch die Wohnung. Bieten Sie ihr auch Springmöglichkeiten, damit sie nicht nur auf dem Boden jagen kann. Diese Art zu spielen ist zwar gut, um die Energie Ihrer Katze loszuwerden, allerdings kann sie das Licht nicht fangen, weshalb ihre Lust nach Beute nicht gestillt werden kann. Deshalb ist es wichtig, dass Sie

Ihrer Katze auch die Möglichkeit bieten, ihre Beute zu fangen. Dies können Sie auf verschiedene Art und Weise ermöglichen. Sie können sich für eine oder mehrere Katzenangeln entscheiden. Diese gibt es in vielen verschiedenen Ausführungen. Ob mit Federn, mit Stofftierchen oder Fransen, hier sollte es für jedes Tier etwas Passendes geben. Jede Katze hat andere Vorlieben, deshalb müssen Sie ausprobieren, was Ihre Katze ab liebsten „jagt". Mit einer Angel haben Sie die Möglichkeit, mit der Katze zu rennen, zu springen und zu toben. Damit geben Sie Ihrer Katze die Gelegenheit, ihre Beute richtig zu fangen und die, die es darauf anlegen, auch zu „töten". Eine Alternative zu der Angel ist eine ganz normale Schnur. Binden Sie ans Ende der Schnur Spielfedern, Stoffreste, Glöckchen oder etwas komplett anderes. Hier werden Ihrer Fantasie keine Grenzen gesetzt. Beim langsamen Spielen geben Sie Ihrer Katze die Möglichkeit, sich auf ihre Beute zu fixieren und diese dann zu übermannen. Laufen Sie gerne auch um Ecken herum und ziehen Sie das Spielzeug hinter sich her. Ihre Katze wird Ihnen im Spielfieber definitiv hinterherrennen, um ihre Beute zu schnappen. Möchten Sie Ihre Katze auspowern, können Sie auch mit schnellen Bewegungen arbeiten. Immer wieder wird sich Ihre Mieze auf die Lauer legen und beobachten. Hat sie den Dreh erst einmal raus, schnappt sie zu. So ganz nebenbei ist dies natürlich auch ein gutes Workout für Sie. So bleiben auch Sie jeden Tag in Bewegung. Hat Ihr Tiger seine Beute erst einmal gefangen, zum Beispiel eine Stoffmaus, kann es gern und oft passieren, dass er anfängt zu knurren. Auch das ist natürlich und absolut nicht besorgniserregend. Ihre Katze möchte einfach nur ihre Beute verteidigen und macht das deutlich.

Finden Sie das passende Spielzeug für Ihre Katze, wobei es hier unbegrenzte Möglichkeiten gibt und umso öfter Sie mit Ihrer Katze spielen, desto näher lernen Sie einander kennen und können sich auf das tägliche Spielen besser einstellen.

Ein weiterer Tipp von meiner Seite ist, schmeißen Sie nicht alles, was für Sie nach Müll aussieht, gleich weg. Überlegen Sie, ob dies auch für Ihre Katze interessant sein könnte. Katzen verstecken sich gerne in Papiertüten. Hier können Sie ebenfalls zum Spielen ansetzen und sie mit langsamem Ziehen ihrer Beute aus ihrem Versteck locken. Haben Sie ein Paket bekommen? Lassen Sie den Karton gerne stehen und die Paketbänder liegen. Auch diese Sachen könnten Ihre Katze zum Spielen bringen. Spielzeug wird auch für Katzen nach einer gewissen Zeit langweilig. Tauschen Sie die Spielsachen ruhig regelmäßig aus, sodass erst gar keine Langeweile entstehen kann. Nach einer gewissen Zeit können Sie die Sachen wieder herausholen und Ihre Katze wird diese wieder neu entdecken wollen.

IST ES NORMAL, DASS KITTEN BEIM SPIELEN BEIßEN?

Vor allem junge Kätzchen haben einen starken Spieltrieb. Meist fordern sie ihre Menschen oder andere Katzen mit Kratzen und Beißen zum Spielen auf. Da die Kleinen aber noch nicht so viel Erfahrung haben, kann es schnell passieren, dass sie ihre Krallen und Zähne richtig in die Haut fahren. Vor allem die kleinen Krallen hinterlassen schnell Spuren. Diese sind noch ganz dünn und spitz. Im Spiel mit anderen Katzen lernen diese zwar ihre Krallen und Zähne besser einzusetzen, da das Fell der Katzen aber etwas besser schützt als die Haut der Menschen, wird es beim Spielen nie ausbleiben, dass Sie den ein oder anderen Kratzer davontragen. Bringen Sie Ihrer Mieze deshalb nach und nach schonend bei, dass es Ihnen wehtut, wenn sie kratzt oder beißt. Dies können Sie ihr beibringen, indem Sie zum Beispiel ihre Pfötchen antippen, kurz halten und laut NEIN sagen. Gleiches gilt fürs Beißen. Unterbrechen Sie das Spiel ruhig für ein paar Sekunden, um Ihrer Katze zu zeigen, dass das nicht in Ordnung ist. Vermeiden Sie es aber, Ihre Hand wegzuziehen. Dies könnte Ihre Katze als Aufforderung sehen, die Hand weiter zu jagen. Es könnte auch schmerzhaft enden, falls sich Ihr Tiger daran gekrallt hat und nicht mehr loslassen möchte.

Falls es nicht reichen sollte, das Spiel kurz zu unterbrechen und Ihre Katze darauf aufmerksam zu machen, dass sie etwas falsch macht, können Sie sie auch nehmen und zum Beispiel auf den Kratzbaum setzen. Kommt sie Ihnen in ihrem Spieltrieb wieder entgegengerannt, können Sie mit Lauten wie „Psch" Ihre Katze erst einmal fernhalten. Das „Psch" klingt für Katzen dem Fauchen ziemlich ähnlich. Deshalb werden sie Ihnen aufmerksam folgen. Wiederholen Sie das Vorgehen immer wieder, sobald Ihre Katze zu stark zubeißt, wird sie sich dies merken. So geben Sie Ihrem Tiger die Gelegenheit, das richtige Spielen mit Ihnen zu lernen. Auch hier heißt es wieder, konsequent sein ist alles. Haben Sie Geduld mit Ihrer Katze. Es ist ein Lernprozess, sowohl für Ihre Katze als auch für Sie. Mit der Zeit wird es besser, aber ganz aufhören im Spieltrieb eher nicht.

KATZE BEIßT, WAS TUN?

Es liegt in der Natur der Katze, ihr auf die Wildnis geformtes Gebiss für die Beutejagd, Nahrungsaufnahme und zum Austragen von Kämpfen einzusetzen. Nur weil eine Katze beißt, bedeutet es nicht, dass sie aggressives Verhalten zeigt. Die Mutterkatze beispielsweise trägt ihre Kitten mit einem Nackenbiss. Auch bei sogenannten Liebesbissen beißen sich Katzen in den Nacken, um ihre Zuneigung einander zu zeigen. Aber auch bei der alltäglichen Fellpflege setzen Katzen ihr Gebiss ein, um Verfilzungen zu lösen und juckende Körperpartien zu bearbeiten.

Natürlich kann es im Alltag passieren, dass eine Katze zuschnappt. Beißt Ihre Katze Sie während einer Streicheleinheit, kann es sein, dass Sie eine kitzelige oder eher unangenehme Stelle bei ihr erwischt haben. Auch Liebesbisse teilen Katzen nicht nur mit ihren Artgenossen. Ist Ihre Katze beim Schmusen hin und weg, kann es passieren, dass sie anfängt, an Ihnen herum zu knabbern. Dieses Verhalten sollte nicht bestraft werden. Ihre Katze meint es nur gut mit Ihnen. Bevorzugen Sie im ausgelassenen Spielalltag Spielangeln, Spielmäuse und andere Katzenspielzeuge, anstatt Ihre Hände zu nutzen. So kann Ihr Tiger seinem Beutetrieb nachgehen und vergeht sich nicht an Ihrer Hand oder Ihrem Bein.

Natürlich können Bisse auch aus anderen und zwar negativen Gründen passieren. Eines der Gründe könnte Langeweile sein. Sorgen Sie dafür, dass Ihr Stubentiger ausgelastet ist. Vor allem bei einer reinen Hauskatze ist es wichtig, dass Sie mit ihr spielen und toben bis zum Umfallen, damit sie all die angesammelte Energie loswerden kann. Das Beißen ist in diesem Fall nur ein Schrei nach Aufmerksamkeit. Möchte Ihre Katze durch das Beißen die Rangordnung in Ihrem Haushalt definieren, müssen Sie ihr deutlich zeigen, wer ganz oben steht. Dies erreichen Sie durch konsequentes Handeln und Erziehung Ihrer Katze.

Wichtig ist, dass Sie Ihrer Mieze bei jedem Fehlverhalten deutlich zeigen, dass sie zu weit gegangen ist. Ziehen Sie Ihre Hand oder Ihr Bein weg und unterstreichen Sie Ihre Geste mit einem deutlichen

„Nein" oder mit einem anderen von Ihnen gewählten Wort. Lässt sich dieses Verhalten nicht einstellen, sollten Sie die Hilfe von einem Tierpsychologen in Erwägung ziehen.

WIE KANN ICH MEINE KATZE BE-SCHÄFTIGEN?

Es ist wichtig, auch während Ihrer Abwesenheit dafür zu sorgen, dass Ihre Katze sich gut beschäftigen kann. Auch wenn Sie zwei oder mehrere Katzen haben, sollten Sie ihnen eine Möglichkeit bieten, sich zu beschäftigen. Lassen Sie loses Spielzeug wie Mäuse oder Bälle für Ihre Katzen jederzeit zugänglich. Eine weitere Beschäftigungsmöglichkeit kann ein Fummelbrett sein. Diese gibt es in verschiedensten Ausführungen, achten Sie aber darauf, dass es nicht zu schwer für Ihre Katze ist, sonst verliert sie schnell das Interesse. Zu einfach darf es natürlich auch nicht sein. Hier sind wieder Sie gefragt. Finden Sie heraus, was zu Ihrer Katze passt.

Verteilen Sie Leckerlies in der Wohnung und vor allem da, wo Ihre Katze am liebsten spielt. Wenn sie die Leckerlies nach und nach findet, wird sie auch während Ihrer Abwesenheit immer wieder an Sie denken.

WIE KANN ICH MEINE KATZE RICHTIG FÖRDERN?

In der Natur leben Katzen ihren Jagd-, Kletter- und Springtrieb aus. Dies fördert ihre Intelligenz und gibt Ihrer Katze die Möglichkeit, ihre Fähigkeiten zu verbessern. Da Hauskatzen diesen Trieben nicht so folgen können wie Freigänger, sollten Sie ihnen helfen und diese trotzdem richtig fördern. Dies können Sie mit Intelligenzspielen und Katzenspielzeug wunderbar machen. Neben dem berühmten Fummelbrett können Sie Ihre Katze auch durch spielerische Futtersuche fördern oder auch mit dem Verstecken ihrer Beute umsetzen. Intelligenzspielzeuge für Katzen sind nicht teuer, da sich Katzen aber schnell von einem Spielzeug gelangweilt fühlen, können Sie auch selbst Spielsachen basteln und Ihre Katze immer wieder neu beschäftigen.

Versuchen Sie, auch ältere Katzen durch passendes Spielzeug zum Spielen zu animieren. So bleibt auch sie in Bewegung.

Katzen „richtig" erziehen

LASSEN SICH KATZEN ÜBER-HAUPT ERZIEHEN?

Ja! Denn schon direkt nach der Geburt sorgt sich die Katzenmama um ihre Kitten. Umso länger die Kätzchen bei der Katzenmama bleiben, desto mehr bringt sie ihnen bei. Das merken Sie zum Beispiel an der Stubenreinheit der Kitten, wenn sie das erste Mal in eine neue Familie kommen. Durch das Spielen mit ihren Geschwistern und dem Imitieren ihrer Katzenmama werden die Kitten sozialisiert. Deshalb ist es sehr wichtig, dass Kätzchen mindestens 12 Wochen bei ihrer Mutter bleiben und das Spielen, Putzen, Fressen und den Gang aufs

Katzenklo lernen. Kommt das Kätzchen in eine neue Familie, geht die Erziehung weiter.

Katzen sind sehr stur und haben ihren eigenen Charakter. Mit Geduld und Konsequenz können Sie Ihrer Katze trotzdem beibringen, was sie darf und was sie lieber lassen sollte.

WIE ERZIEHE ICH EIN KITTEN?

Mit Tricks wie das Pusten ins Gesicht, Schnalzen mit der Zunge oder durch das Klatschen in die Hände können Sie Ihrem Kitten übermitteln, sich zurückzuziehen.

Wie auch bei Hunden geht bei Katzen die Liebe durch den Magen. Geben Sie Ihrem Kitten immer wieder ein Leckerli oder belohnen es mit sanften Worten und einer Streicheleinheit, wenn es etwas richtig gemacht hat. Das Kitten wird sich diese Situationen schnell einprägen und seine Tat wiederholen. Hat das Kitten nach seinem Einzug erst einmal Vertrauen zu Ihnen gefasst, können Sie langsam anfangen, es erzieherisch in eine bestimmte Richtung zu lenken.

Das Wichtigste vorab. Anschreien, bestrafen oder gar schlagen ist kontraproduktiv. Das Einzige, was Sie mit diesem Verhalten erreichen, ist Angst und eventuell sogar aggressives Verhalten beim Kitten. So werden Sie das Vertrauen Ihres Katzenbabys niemals gewinnen und das Zusammenleben wird für Sie beide keine Herzensangelegenheit.

Einigen Sie sich mit all Ihren häuslichen Mitbewohnern auf ein Kommando, welches Ihre Katze davon abhalten soll, etwas zu tun, was Sie nicht möchten. Ein einfaches, aber bestimmtes „Nein!" ist hier schon ausreichend.

Ermahnen Sie dann Ihre Katze bei jedem Fehlverhalten in einem bestimmten Ton. Schreien Sie aber nicht. Katzen haben ein gutes Gespür und wissen, wann Sie verärgert sind. Ein ruhiges, aber bestimmtes „Nein!" reicht vollkommen aus.

Erwischen Sie Ihre Katze bei einem Fehltritt, ist unmittelbares Handeln notwendig. Springt Ihre Katze beispielsweise auf einen Tisch und Sie reagieren erst eine halbe Minute später, weil Sie gerade beschäftigt sind, kann das Tier Ihr Kommando nicht mehr mit seiner Handlung kombinieren. Ich bin doch schon seit einer halben Minute auf dem Tisch, was habe ich jetzt in dieser Sekunde falsch gemacht? Hier zählt also Schnelligkeit. Springt Ihre Katze direkt nach dem Kommando vom Tisch, hat sie es verstanden. Loben Sie sie, vor allem in der Anfangszeit. Dann verbindet Ihre Katze etwas Positives damit, dass sie auf Sie gehört hat. Versteht Ihre Katze Ihr Kommando nicht, ist es wichtig, sofort hinzugehen und Ihre Katze von dem Tisch zu entfernen. Sagen Sie ruhig nochmal Ihr Kommando.

Auch hier ist konsequentes Handeln sehr wichtig. Lassen Sie es Ihrer Katze in Ihrem Beisein nur ein einziges Mal durchgehen, auf den Tisch zu springen, wird sie es die nächsten Male nicht verstehen oder wird sehr lange dafür brauchen, um es sich wieder abzugewöhnen. Vor allem in der Anfangszeit wird Ihre Mieze Sie an Ihre Grenzen bringen und Grenzen ausreizen. Unterbinden Sie Fehlverhalten sofort und ohne Ausnahmen. Nur so schaffen Sie es, Ihrer Katze nach und nach aufzuzeigen, was sie darf und was sie nicht darf.

Wie bei Menschen auch lassen sich die Jüngeren einfacher erziehen als Ältere. Dennoch ist es nicht ganz unmöglich. Auch hier zählen wieder Aufmerksamkeit, Konsequenz und Schnelligkeit.

Als Hilfsmittel können Sie sich zum Beispiel das Clickern heranziehen. Dies funktioniert nicht nur bei

Hunden.

WAS MÖCHTE MIR MEINE KATZE SAGEN?

Um den Bedürfnissen Ihrer Katze nachkommen zu können, müssen Sie lernen, Ihre Katze zu verstehen. Katzen sind wie ein kleines Buch, welches gut zu lesen ist, wenn man daran interessiert ist.

Der Schwanz einer Katze sagt mehr als tausend Worte. Allein durch die Haltung können Sie schon sehr viel über den aktuellen Gemütszustand Ihrer Katze lesen. Kommt sie Ihnen mit einem senkrecht aufgerichteten Schwanz entgegen, welcher an der Spitze einen kleinen Knick in Form eines Fragezeichens hat, freut sich Ihre Katze, Sie zu sehen. Sie ist glücklich, fühlt sich sicher und möchte mit Ihnen schmusen oder spielen. Ist der Schwanz waagrecht nach hinten gestreckt, hat Sie Ihre Katze ins Herz geschlossen und betrachtet Sie als Freund oder Familie. Kommt Ihre Katze Ihnen mit einem senkrecht nach oben oder waagrecht nach hinten ausgerichtetem Schwanz entgegen und legt sich auf den Boden oder reibt sich an Ihren Unterschenkeln, dann möchte sie definitiv schmusen und gekrault werden.

Doch ein hoch aufgerichteter Schwanz bedeutet bei Ihrer Katze nicht immer Freude. Für ihre Artgenossen kann dies auch eine Kampfansage bedeuten. Wird das Fell ganz buschig und macht Ihre Katze einen Katzenbuckel, so ist sie bereit zum Angriff. Lassen Sie Katzen ihre Kämpfe selbst austragen. Das ist von der Natur so gegeben und bekanntlich sollte man nicht in die Natur eingreifen. Erst wenn Sie merken, dass der Kampf ausartet und eine Katze ernsthaft verletzt werden könnte, können Sie dazwischen gehen. Zieht eine Katze ihren Schwanz komplett ein, zeigt dies die Unterlegenheit. Vorsicht bitte vor einem wedelnden Schwanz. Anders als bei Hunden bedeutet dies nicht, dass Ihre Katze sich riesig freut, sondern zeigt ihre Nervosität. Wenn das Wedeln nur mit der Schwanzspitze stattfindet, möchte die Katze gerade nicht angefasst werden.

Weiter geht es mit den Ohren. Auch die Haltung der Ohren kann viel über das Gemüt Ihrer Katze aussagen. Zeigen die Ohren spitz nach oben, während ihre Ohrmuscheln zur Seite gerichtet sind und sich ihre Augen zu kleinen Schlitzen verengen, ist Ihre Katze in höchster Alarmbereitschaft und aggressiv. Zeigen die Ohrmuscheln bei spitz nach oben gerichteten Ohren nach vorne und sind die Augen weit aufgerissen, ist Ihre Katze in höchster Spiellaune und bereit für die Jagd. Wedelt sie hingegen mit ihren Ohrmuscheln hin und her, ist sie gerade dabei, die Geräusche um sie herum zu lokalisieren. Zieht Ihre Katze die Ohren bei einem Streit ein, möchte sie diese schützen. Zusammen mit dem eingezogenen Schwanz ist das ein Zeichen von Unterlegenheit.

Kommen wir zu den Augen einer Katze. Blinzelt Ihre Katze Ihnen langsam zu, ist das ein Zeichen des Vertrauens. Es ist wie ein Lächeln bei einem Menschen. Blinzeln Sie zurück, um Ihrem Stubentiger zu signalisieren, dass Sie ihn auch lieb haben. Starren Sie ihn jedoch nicht zu lange an, das könnte ihn nervös machen und einschüchtern.

Zu guter Letzt die Geräusche Ihrer Katze. Das bekannte Schnurren ist meist ein Zeichen der Zufriedenheit. Es gibt allerdings Katzen, die zum Schnurren neigen. Ich kann aus eigener Erfahrung sagen, dass Sie trotz Schnurren die Körpersprache der Katze beachten sollten. Wedelt diese mit der Schwanzspitze hin und her, sollten Sie sie vielleicht erst einmal in Ruhe lassen. Weiter geht es mit

Knurren, welches auch beim Spielen des Öfteren auftreten kann. War Ihre Katze bei der Beutejagd erfolgreich, auch wenn nur spielerisch, möchte sie ihre Beute verteidigen und sagen: „Das ist meine. Komme mir nicht zu nahe." Lassen Sie ihr ihren Triumph. Sie wird bald wieder kommen, um mit Ihnen weiterzuspielen. Knurrt Ihre Katze außerhalb des Spielens, ist das ein Warnsignal. Lassen Sie sie auch in diesem Fall in Ruhe, sie wird sich wieder beruhigen. Mit dem Fauchen kündigt Ihre Katze einen Angriff an. Kreischt diese sogar, dann gehen Sie langsam auf sie zu und signalisieren Sie ihr, dass Sie ihr helfen möchten. Das Kreischen kommt meistens davon, dass Ihre Katze Schmerzen hat oder Hilfe benötigt.

Bekommen Sie von Ihrer Katze einen vorwurfsvollen Blick und ein lautes Miauen, dann möchte sie Ihnen sagen, dass Sie irgendetwas falsch gemacht haben, zum Beispiel zu lange allein gelassen. Spielen oder schmusen Sie mit ihr, um Ihre Mieze wieder zu besänftigen. Auch ignorantes Verhalten kann zeigen, dass Ihre Katze sauer auf Sie ist. Lassen Sie ihr Zeit und verhalten Sie sich wie immer. Sie wird sich nach einer kurzen Zeit wieder beruhigen. Gurrt Ihre Katze Sie an, ist das ein großer Liebesbeweis an Sie.

Nehmen Sie sich vor allem in der Anfangszeit Zeit, um die Sprache Ihrer Mieze zu lernen und zu verstehen. Mit der Zeit werden Sie automatisch wissen, wie die Gefühlslage Ihrer Katze ist und wissen, wie Sie zu reagieren haben.

WAS MACHT MEINE KATZE, WENN ICH NICHT ZUHAUSE BIN?

Diese Frage lässt sich nur schwer oder durch eine aufgehängte Kamera beantworten. Jede Katze ist unterschiedlich. Wundern Sie sich aber nicht über Pfotenabdrücke auf der Küchenzeile, dem Esstisch oder dort, wo Ihre Katze nicht hin darf. Katzen sind intelligent und von Natur aus neugierig. Auch wenn sie genau wissen, dass sie es nicht dürfen, wenn Sie zuhause sind, wissen sie, dass rein gar nichts passiert, wenn Sie nicht zuhause sind. Natürlich ist es ärgerlich, aber auch mit der besten Erziehung wird das ein oder andere bei Katzenbesitzern nicht wegbleiben.

Gassi gehen mit Katzen – die Katzenleine

Wenn Sie keine Möglichkeit haben, Ihre Katze draußen frei laufen zu lassen oder Sie den Unannehmlichkeiten eines Freigängers entgehen möchten, könnten Sie es als Alternative mit einer Katzenleine versuchen. Allerdings tun Sie Ihrem Vierbeiner meist leider keinen Gefallen damit.

Während Hunde alles dafür tun, um ihrem

Herrchen zu gefallen, sind Katzen dafür nicht gemacht. Sie sind Jäger und möchten jagen. Dies funktioniert an einer Leine nicht so, wie es sich Ihre Katze vorstellt. Katzen klettern gerne und kriechen in enge Räume. Auch das wird an einer Leine nicht funktionieren. Das Gassi gehen an der Leine kann für eine Katze unter Umständen auch mit Verletzungen enden. Erschrickt sich diese durch ein lautes Geräusch oder gar einen entgegenkommenden Hund, wird sie versuchen, der Situation zu entkommen. Ein Freigänger würde also davonlaufen und sich verstecken. Dies ist an der Leine nicht möglich. Versucht Ihre Katze es trotzdem, könnte Sie sich an der Leine verletzen, zerkratzen oder verheddern.

Fazit: Können Sie Ihre Katze nicht ins Freie lassen, ist diese mit einem schönen Zuhause mit vielen Spielmöglichkeiten wahrscheinlich besser bedient als an der Leine. Eine weitere Möglichkeit, Ihre Katze zumindest frische Luft schnappen zu lassen, ist es, ein Netz auf dem Balkon zu spannen. Es gibt viele verschiedene Netze extra für Katzen. So kann Ihre Mieze auch an warmen Sommertagen mit Ihnen draußen sitzen.

Katzen zu Freigängern erziehen

Machen Sie sich in jedem Fall bewusst, dass es auch einige Unannehmlichkeiten mit sich bringen kann, einen Freigänger zu haben.

Als Zeichen ihrer Liebe zu Ihnen werden Sie besonders im späten Frühjahr, Anfang Sommer reichlich beschenkt. Doch die Geschenke sind meist nicht so positiv, wie sich das anhört. Hierzu gehören nämlich Mäuse – teilweise lebendig, manchmal auch tot –, je nachdem, wie lange Ihre Katze die Maus schon hat.

Doch auch Vögel und Blindschleichen gehören zu ihrem Spezialgebiet. Sie dürfen also auf keinen Fall zimperlich sein oder ängstlich reagieren. Wenn Sie nicht möchten, dass Ihre Terrasse, Vorgarten, Eingangsbereich etc. voller toter Tiere liegt, müssen Sie diese natürlich entsorgen.

Schneller als Sie denken, ist Ihre Katze auch mal mit Ihrer Beute ins Haus gelaufen. Ist die Beute bereits tot, ist der Anblick und das Gefühl natürlich unschön, aber Sie müssen mit dieser Situation klarkommen und die Beute wieder entfernen. Lustiger wird die ganze Geschichte, sobald Ihre Katze mit der lebendigen Beute zu Ihnen ins Haus stürzt. Möchten Sie, dass Ihre Katze beispielsweise die Maus loslässt, können Sie sie zwar dazu bringen, aber wer fängt die Maus dann ein? Hat Ihre Katze die Maus im Maul, wie bekommen Sie die da wieder heraus? Natürlich werden Sie mit der Zeit lernen, wie Sie mit Ihrer Mieze in den verschiedenen Situationen umzugehen haben. Achten Sie aber darauf, nicht dafür mit ihr zu schimpfen, dass sie Ihnen etwas mitgebracht hat. Es ist ein Zeichen ihrer Zuneigung. Sie will Ihnen für all das, was Sie für sie tun, etwas zurückgeben.

Eine weitere Unannehmlichkeit der Freigänger

ist natürlich der Schmutz, welcher von draußen mit hereingetragen wird. Besonders bei Regenwetter lassen sich Pfotenabdrücke auf dem Boden nicht vermeiden. Natürlich können Sie auch dem etwas entgegenwirken. Legen Sie ein Handtuch im Innenraum aus und lassen Sie Ihre Katze darüber laufen, sobald sie von draußen hereinkommt. Ich habe meinen Katzen von klein auf angewöhnt, dass sie bei Nässe in ein Handtuch gewickelt und sanft trockengerieben werden, sobald sie von draußen reinkommen. Mittlerweile genießen sie es sogar und hüpfen freiwillig auf das Handtuch. Allerdings hat dieser Zustand auch Zeit und die ein oder anderen Leckerlies benötigt, bis sie soweit waren.

Doch um die Freigänger nicht schlechtzureden, hier auch positive Nebeneffekte. Katzen sind geborene Freigänger. Sie können sich im Freien austoben, ihren Jagd- und Klettertrieben nachgehen und vollkommen ausgepowert nach Hause zum Schmusen kommen.

Dennoch würde ich Ihnen raten, ein paar Regeln von Anfang an aufzustellen, die auch zu Ihrem Alltag passen. Wer nämlich denkt, dass Katzen sich Tag und Nacht nur noch draußen aufhalten und mit ihren Menschen nichts mehr zu tun haben möchten, liegt falsch. Geben Sie Ihrer Katze Rituale. Sie wird sich schnell an sie gewöhnen, was ein Zusammenspiel zwischen Ihrem Alltag und dem Leben als Freigänger harmonisch macht.

Sind Sie beispielsweise tagsüber arbeiten und kommen erst nachmittags nach Hause, lassen Sie Ihre Katze nicht direkt raus. Geben Sie ihr nochmal etwas zu essen und eine kleine Streicheleinheit, um ihr zu zeigen, dass Sie sie lieb haben. Sie wird sich nicht nur darüber freuen, Sie werden auch nach einer Zeit beobachten, dass sie erwartungsvoll zu ihrem Napf rennt, sobald Sie zuhause sind. Halten Sie auch an den Wochenenden unbedingt diese Zeiten ein. Ihre Katze wird es sonst nicht verstehen, warum sie morgens mal raus darf und mal nicht.

Möchten Sie nicht, dass Ihre Mieze die ganze Nacht draußen bleibt, sondern zuhause schläft, bringen Sie es ihr bei. Rufen Sie sie ein oder zwei Stunden, bevor Sie zu Bett gehen möchten. Pfeifen Sie, machen Sie Laute, bei der Ihre Katze auf Sie reagiert. Kommt Ihre Katze kurz darauf nach Hause, belohnen Sie sie. Geben Sie ihr ein Leckerli, streicheln Sie sie, schmusen und spielen Sie mit ihr. Machen Sie das zu

Ihrem Abendritual. Hat sich Ihre Mieze erst einmal daran gewöhnt, wird sie gerne nach Hause kommen, wenn Sie sie rufen.

Natürlich wird es auch vor allem in der Anfangszeit passieren, dass Ihre Katze auf Ihre Rufe nicht reagiert. Hier können Sie natürlich auch in die Trickkiste greifen und direkt mit dem Rascheln der Leckerlies locken. Wenn auch das nicht hilft, wird Ihnen wahrscheinlich nichts anderes übrig bleiben, als zu warten oder zwischendurch mal aufzustehen und nochmal zu rufen. Sie können Ihre Mieze auch die Nacht über draußen lassen, ihr eventuell draußen ein Körbchen mit einer Decke und etwas zu essen aufstellen, allerdings laufen Sie so natürlich Gefahr, dass sie nachts gar nicht mehr reinkommen möchte. Wenn Ihnen das aber nichts ausmacht, ist das natürlich nicht weiter wild.

Katzen sind nachtaktiv. Solange sie noch klein sind, werden sie immer wieder spielen, sich hinlegen, schlafen, aufstehen, spielen usw. Mit der Zeit lässt das nach. Ihre Katze wird im heranwachsenden Alter immer länger am Stück schlafen. Möchten Sie was von Ihrer Katze haben, versuchen Sie, ihre Schlafenszeiten etwas anzupassen, indem Sie sie spielerisch wach halten, wenn Sie zuhause sind. Mit der Zeit wird sich Ihre Katze umstellen. Wahrscheinlich wird sie niemals die komplette Nacht durchschlafen, sondern auch mal aufstehen und spielen. Dennoch wird sie abends nach Hause kommen und bereit sein, sich mit Ihnen hinzulegen.

Ab wann Sie Ihre Katze rauslassen, ist jedem selbst überlassen. Die Empfehlung liegt aber ganz klar nach der Kastration, nach etwa 6 Monaten. Haben Sie eine weibliche Katze, wird sie Ihnen keine Junge mitbringen. Haben Sie ein Männchen, werden die Revierkämpfe in der Natur nicht so hart ausfallen, wie bei einem nicht kastrierten Kater. Legen Sie es allerdings darauf an, dass beispielsweise Ihr Weibchen Junge bekommt, wäre es ratsam, noch etwas länger als die 6 Monate zu warten. Katzen können sehr früh trächtig werden. Doch wenn der Körper noch klein, zierlich und nicht ausgewachsen ist, das heißt, wenn die Katze selbst noch ein Kind ist, wird die Schwangerschaft für sie zu einer Qual und die Geburt könnte sogar tödlich enden. Warten Sie deshalb lieber noch ein paar Monate länger, Ihrer Katze zuliebe.

Senioren Katzen

WAS ÄNDERT SICH MIT DEM ZU-
NEHMENDEN ALTER DER KATZEN?

So wie bei vielen Menschen ändert sich auch bei Katzen das Verhalten mit zunehmendem Alter. Sie bewegen sich nicht mehr so viel und spielen immer weniger, schlafen viel und ihre Sinnesorgane werden schwächer. Da Freigänger in der Natur größeren Gefahren ausgesetzt sind, werden sie statistisch gesehen nicht so alt wie reine Stubentiger. Fällt Ihnen auf, dass sich Ihre Katze immer öfter zum Schlafen zurückzieht, unsauber wird, weniger frisst und sich weniger putzt, können Sie davon ausgehen, dass Ihre Katze langsam als Senior Katze eingestuft werden kann. Gelenkerkrankungen, Diabetes, Demenz und Herz- und Nierenerkrankungen können mit zunehmendem Alter bei Katzen auftreten. Bitte lassen Sie Ihre Katze von einem Tierarzt untersuchen, wenn Sie sich unsicher sind.

WIE GEHE ICH MIT ÄLTEREN KATZEN RICHTIG UM?

Ändert sich das Verhalten Ihrer Katze, beobachten Sie sie genau und passen Sie sie den Umständen an. Bewegt sich Ihre Katze immer weniger und nimmt an Gewicht zu, passen Sie in jedem Fall die Futtermenge an, um der Fettleibigkeit entgegenzuwirken. Passiert das Gegenteil und Ihre Katze nimmt ab, versuchen Sie es mit Trockenfutter, solange ihre Zähne dies noch verkraften. Trockenfutter hat einen viel höheren Energiegehalt als Nassfutter. Hier sind viel kleinere Mengen notwendig, um den Tagesbedarf zu decken. Allerdings ist beim Trockenfutter Vorsicht geboten. Achten Sie auf das Trinkverhalten Ihrer Katze. Trinkt diese zu wenig, ist die Lösung mit dem Trockenfutter suboptimal. Versuchen Sie dann, Ihrer Katze das Nassfutter öfter und in kleineren Mengen anzubieten. Vielleicht ist das für sie attraktiver, wenn sie weiß, dass sie nur ein kleines bisschen essen muss. Bekommen Sie Ihre Katze einfach nicht zum Fressen, suchen Sie einen Tierarzt auf. Erkrankungen in der Mundhöhle sind bei Katzen mit zunehmendem Alter möglich.

Es gibt auch spezielles Seniorenfutter. Achten Sie darauf, dass im Futter fettarme Proteine, wenig Kalorien und ein niedriger Phosphorgehalt sind. Grundsätzlich sollte der Gang zum Tierarzt zur Grunduntersuchung einmal im halben Jahr gemacht werden. Katzen zeigen nicht immer, dass sie leiden. Ein Tierarzt kann eventuelle Krankheiten frühzeitig erkennen.

Erleichtern Sie Ihrer Katze das Leben im Alter. Richten Sie Ihrer Katze weitere, leicht zugängliche und ruhige Rückzugs- und Schlafplätze ein. Wenn Ihre Katze mit dem Alter schmusebedürftiger wird, erfüllen Sie ihre Bedürfnisse. Nehmen Sie sich Zeit und helfen Sie Ihrer Mieze dabei, sich zu putzen und sauber zu halten. Prüfen Sie dabei, ob die Krallen noch intakt sind und ob sich eventuelle Knötchen oder Tumore am Körper gebildet haben. Achten Sie darauf, dass Ihre Katze einen kurzen Weg zur Katzentoilette hat und diese einen so niedrigen Eingang wie möglich hat. Stellen Sie mehr Wasserschälchen auf und erhöhen Sie die Futternäpfe, damit sich Ihre

Katze nicht so weit bücken muss.

Schlusswort

Dies war nun ein kleiner Einblick in die Welt der Katzen und deren Erziehung. Das Wichtigste nochmal in Kürze. Schnelligkeit und Konsequenz ist das A und O bei der Katzenerziehung. Lassen Sie sich und Ihrer Katze Zeit, einander kennenzulernen und sich aufeinander einzustellen. Natürlich wird es noch viel mehr Herausforderungen und immer wieder holprige Momente im Alltag für Sie geben. Das Wichtigste ist aber, dass Sie sich niemals entmutigen lassen oder gar hinschmeißen. Haben Sie sich erst einmal miteinander angefreundet, steht Ihnen eine wunderschöne Zeit mit Ihrer

Mieze bevor.

Herstellung und Verlag:
BoD – Books on Demand, Norderstedt
ISBN: 9783752658286

1. Auflage
Kontakt: Psiana eCom UG/ Berumer Str. 44/ 26844 Jemgum
Covergestaltung: Fenna Larsson
Coverfoto: depositphotos.com